| 지구조각 | k.chae™
씨엠립

여행자와 여행 사진가는 다르다.

여행자는 그 여행의 순간 자체가 중요하지만.
사진가에게 중요한 것은
그 순간이 아닌 그 순간을 가두는 일이다.

여행자는 다시는 오지 않을 그 순간을
마음속에 담으면 되지만,
사진가는 그 순간을 프레임 속에 담아야 하는
사람이기 때문이다.

그 순간을 사진으로 만들어 그 감동을
다른 사람들에게 전이시켜주는 사람이기 때문이다.
나는 그래서 사진가를 두고 영원을 위해
순간을 포기해야 하는 사람들이라고 표현한다.

나에게 있어 사진은 곧 여행이었다.

세계를 여행하며 또 그렇게 사진을 담아가며
각각의 다른 도시 또 다른 나라의 사진들이
모두 하나로 연결되는 느낌을 받았다.

서로 다른 문화를 가졌고 전혀 다른
사람들이 살고 있지만 하나씩 맞춰 보았더니
결국에는 모두가 지구의 한 조각이었던 것이다.
그 조각들을 하나둘 맞춰 나갈수록 사진들은
의미가 더해져서 우리가 사는 이 지구라는 행성의
다큐멘터리가 되었다.

그렇기에 내가 담은 여행의 흔적들은
단지 어느 한 나라의 사진이 아니다.
지구의 한 조각이자 내가 가진 지구와의 인터뷰,
지구의 꾸밈없는 포트레이트다.

순간을 멈추어 당신 앞으로 가져온 이 사진들이
당신의 눈앞에서 해빙되어
내가 느낀 감정들을 온건히 전해줄 수 있기를.

나의 사진을 통해
당신만의 지구 조각을 발견하기를 바라면서.

지구 어딘가에서,
케이채　K. Chae

K. Chae
Blog　　http://chaekit.com
Email　　chaekit@gmail.com

조각을 담아온 곳

똔레삽 호수 (Tonlesap Lake),
앙코르 왓 (Angkor Wat),
서 바라이 (Western Baray),
펍 스트리트 (Pub Street) 가 있는
캄보디아의 씨엠립 (Siem Reap)

SIEM REAP, CAMBODIA

씨엠립이라고 하면 모두 앙코르왓을 말할 뿐이다.
앙코르왓으로 향하는 입구에 있는 도시.

사람들은 모두 씨엠립에 살고 있지만
모든 이들은 이젠 사람이 살지 않는 그 잃어버린 왕국으로 향한다.

누구나 그렇듯
이른 새벽의 바람을 가르며 해가 뜨는 앙코르왓을 보기 위해 달려갔던
나도 그 중 한 사람이었다.

하지만 앙코르왓의 눈부신 아름다움만큼

씨엠립에는 그보다도 더 눈부신 것이 존재한다면

믿을 수 있을까?

이 세상에 더는 없을 것 같았던

순수한 미소를 보여주는.

씨엠립에서 만난 아이들.

앙코르왓에서 만날 수 있는
캄보디아의 화려했던 과거도 아름다웠지만

나에겐 씨엠립의 아이들의 눈동자를 통해 볼 수 있었던

캄보디아의 미래가 더 아름다웠다.

할머니는 정말 어설프게 묶은 빨간 실 하나를

내 팔에 걸어주고는

행복을 가져다주는 부적이라고 했다.

아마 다른 사람이 그런 걸로 부적이라고 했다면

코웃음을 쳤겠지만

할머니가 그렇게 말씀하시자

정말 굉장한 부적인 것 같았다.

같은 물건이라도

누가 어떻게 설명하느냐에 따라 다르게 보인다.

난 아직도 그 빨간 실을 가지고 있다.

누군가에겐 가슴이 벅차오르는 관광지

누군가에겐 피곤하기만 한 삶의 터전.

그리고 아이들에게는 아직 **신이 나는** 놀이터.

이 아이가 다 자랐을 때에

이곳은 아이의 놀이터가 될까 혹은 직장이 될까?

깨달음을 얻기 위한 수행.

그렇게 걷고 또 걷는다.

당신들은 이곳에서 무엇을 깨달았나요.

오늘 당신들은 향을 피우며 무엇을 빌었습니까?

나는 이곳의 아이들이 더는
'원 달러'라고 외치지 않아도 되는 날이 오길 빌었습니다.

관광객들은 찾지 않는 그런 시시해 보이는 장소가
그곳을 살아가는 사람들에게는

여가를 즐길 수 있는 **소중한 장소**가 되어주기도 하지.

하굣길은 언제나 등굣길보다 즐겁다.

도시는 언제나
나보다 **조금 더** 바쁜 것 같다.

시골에서는 모든 게 조금   더

느   리   다.

시험 통과.

수행이 부족하도다.

맛있는 음식이라면 모두 나눠 먹는 게 당연하잖아?

이 사람들의 마음은 예전의 우리처럼 그렇게 따뜻해.

톤레삽 호수에서 할 수 없는 일이란 없어.
머리를 감고, 수영도 하고, 이사까지 할 수 있지.

우리와 다르게 살고 있다고 그들이 더 불행하다고 한다면 그건 너무 오만한 생각이 아닐까.

해가 지는 톤레삽 호수는 아름다웠다.

하지만 씨엠립에서 **가장 눈부신 것**은 바로 **사람**이야.

똔레삽 호수에서 만난 그 석양보다
캄보디아의 미래를 희망차게 이야기하던 현지인 가이드의
그 뒷모습이 나에겐 더 아름다워 보였으니까.

k.chae

| Siem Reap, Cambodia |

제이채가 사진을 통해 들려주는 이야기들을 따라
씨엠립과 캄보디아를 여행하고자 할 때 꼭 알아야 할 것들.

Tonle Sap Lake ; 똔레삽 호수

호수라고 부르기 민망할 만큼 거대한 똔레삽 호수는
캄보디아 사람들에게 많은 생선과 농업용수를
제공하지만, 그보다 더 유명한 것은 바로
호수에 떠다니는 수상 마을들이다. 이 수상 마을들은
물의 흐름에 따라 마을 전체가 이동하며 엉성하게
지어진 만큼 폭우나 태풍에는 모두 망가지기 때문에
다시 또 마을을 만들어야 한다. 하지만 그럼에도
학교와 각종 상점에 심지어 노래방까지 갖춘
마을들로써, 똔레삽 호수와 함께 살아가는 사람들의
꾸밈없는 삶을 엿볼 수 있다.

Angkor Wat ; 앙코르왓

누가 뭐래도 씨엠립을 찾는 사람들은 모두 이곳을
가기 위해서 온다. 사실 앙코르왓은 많은 앙코르 유적
중 하나일 뿐이지만 대부분 이 모든 유적지들을
아우르는 표현으로 쓰이곤 한다. 앙코르왓은 물론
앙코르 톰과 타프롬은 특히나 놓쳐서는 안 될 유적지.
하지만 관광객들을 피해 조금 더 작고 조용한
유적지들로 향하는 것도 나쁘지 않을 것이다.
아름다운 일출과 일몰을 반드시 보고 싶다면 우기가
아닌 건기에 방문하도록 하자.

Pub Street ; 펍 스트리트

씨엠립의 밤에 가장 불야성을 이루는 곳.
다양한 캄보디아 음식을 맛볼 수 있는 음식점에서부터
각종 술집과 마사지를 받을 수 있는 곳까지.
씨엠립에서의 하루를 마감하기에는 가장 적합한 장소.
낮에는 앙코르왓을 배회하던 여행자들 대부분이
모여드는 곳이기도 하다.

Western Baray ; 서 바라이

바라이는 저수지라는 뜻으로 앙코르 왓의
서쪽에 있다. 11세기경 만들어진 것으로 당시
건설의 이유에 대해서는 여러 의견이 분분하나
오늘날에는 씨엠립 현지인들이 즐겨 찾는
휴양지 역할을 하고 있다. 그리 깊지 않고 깨끗한
물 덕분에 수영 하거나 앞에서 피크닉을 즐기는 등
관광객이 아닌 현지인들이 여가를 즐기는
모습을 쉽게 찾아볼 수 있다.

케이채 지구조각
씨엠립 Siem Reap

2011년 12월 1일 1쇄 발행

지은이 케이채 (K.Chae / 채경완)
펴낸이 김세환
편집인 신선영
기 획 김세환

디자인 **WORK**Sharp Creative LAB 이승아
펴낸곳 **WORK**Sharp Creative LAB
주 소 서울시 종로구 가회동 1-34
전 화 02 546 1815
팩 스 02 546 1884
홈페이지 www.unlimitedseoul.com
출판등록 2007년 1월 22일 제 300-2010-144 호

출력, 인쇄 애드샵

판매문의 에디터 02 753 2700

값 14,500원

ISBN 978-89-960326-1-8 13980

ⓒ COPYRIGHT 채경완 2011
본 저작물은 워크샵과 저작권자와의 계약에 따라 발행한 것이므로
본사의 서면 동의 없이 어떠한 형태나 수단으로도 이 책의 내용을 이용하지 못합니다.